Made in the USA
Middletown, DE
10 December 2024

66597790R00061